들어가며

더운 여름에 꼭 필요한 가전제품이 있습니다.
바로 에어컨입니다.

에어컨을 켜면 차가운 바람이 나옵니다.
에어컨이 있어서 우리는 여름을 더 시원하게 보낼 수 있어요.

우리의 여름을 책임지는 에어컨!

이 책에는 에어컨에 대한 다섯 가지 스토리가 있습니다.
에어컨 사용 방법을 자세히 알려 주는 별책도 있어요.

에어컨을 더 올바르고 안전하게 사용할 수 있도록
스토리를 읽으며 이야기를 나누어 보세요.

목차

들어가며
2

나의 여름
6

오늘 날씨가 어때?
28

에어컨,
어떻게 사용해야 할까?
46

에어컨에서 차가운 바람은
어떻게 나오는 걸까?
66

옛날부터 지금까지!
다양한 에어컨 이야기
84

별책 :
에어컨,
이렇게 사용해 보자!

나의 여름

여름에는 날씨가 더워요.
햇볕이 뜨겁게 느껴지고요.
몸에서 땀도 많이 나요.

❝ '여름'하면 무엇이 생각나요?
친구들과 자유롭게 이야기해 보세요.

그런데 여름을 시원하게 보내는 방법이 있어요.
어떤 방법이 있을까요?
가람이의 하루를 살펴보면서 찾아봐요.

가람이의 여름

학교 수업이 모두 끝났다.
안나랑 함께 집으로 가야지!

💬 그림 속 날씨가 어때 보이나요?
💬 학교에서 우리 집으로 가는 길에 무엇이 있나요?

💬 가람이는 왜 모자를 썼을까요?
💬 가람이는 기분이 어때 보이나요?

💬 날씨가 더워서 힘들 때 무엇을 하면 힘이 날까요?

💬 여름에 생각나는 음식이 있나요?
　　예) 냉면, 수박, 팥빙수
💬 더운 날에 아이스크림을 먹으면 기분이 어떤가요?

　　학교 밖에서 친구를 만나면 기분이 어떤가요?
　　친구들과 함께 놀았던 경험을 말해 보세요.

나의 여름

💬 바람이 불면 왜 시원하게 느껴질까요?

💬 가람이와 친구들은 무엇을 하고 있나요?
그림을 보고 말해 보세요.

💬 여름에 비가 내리면 기분이 어떤가요?
💬 하늘에서 내리는 비는 여러 가지 이름이 있습니다.
　내가 알고 있는 비의 이름을 말해 보세요.
　예) 소나기, 여우비, 가랑비

비가 내리는 날에 우산이 없으면 어떻게 하나요?

💬 여름에 비가 내려서 공기가 축축하다고 느낀 적이 있나요?
💬 날씨가 더우면 왜 땀이 많이 날까요?

💬 나는 집에 도착하면 가장 먼저 무엇을 하나요?

나의 여름

💬 왼쪽 그림에서 가람이는 기분이 어때 보이나요?
💬 여름에 꼭 필요한 물건은 무엇이 있을까요?
💬 여름을 시원하게 보내는 나만의 방법이 있나요?
　　친구들과 자유롭게 이야기해 보세요.

여름 날씨 이야기

여름에는 공기에 열 에너지가 많아요.
열 에너지가 많아서 날씨가 더워요.

여름에는 공기에 수증기도 많아요.
수증기는 우리 눈에 보이지 않는 작은 물방울이에요.
공기에 수증기가 많으면 공기가 축축하고 답답하게 느껴져요.

그런데 바람이 불면 어떨까요?

바람이 불면 열 에너지와 수증기가 멀리 날아가요.
우리 주변에 있던 열 에너지와 수증기가 줄어들어요.
그래서 바람이 불면 우리는 시원하다고 느껴요.

선풍기나 에어컨을 켰을 때도 똑같아요.
바람이 나와서 공기에 있는 열 에너지와 수증기를 멀리 보내요.
열 에너지와 수증기가 줄어들어서 시원하게 느껴져요.

　　나는 언제 시원하다고 느끼나요?
　　　예) 샤워를 할 때, 분수대 옆에 있을 때

가람이의 여름을 부탁해

날씨가 더워서 가람이가 힘들어 보이네요.

가람이가 여름을 시원하게 보내려면 무엇이 필요할까요?

27쪽에 '나의 여름 스티커'를 붙여 보세요.

나의 여름

오늘 날씨가 어때?

우리나라에는 4계절이 있어.

봄, 여름, 가을, 겨울이 있지.

계절이 바뀌면 무엇이 달라질까?

💬 내가 가장 좋아하는 계절은 무엇인가요?

💬 아래에 있는 그림에 빈칸이 있습니다.
빈칸에 알맞은 계절 이름을 적어 보세요.

💬 그림마다 무엇이 다른가요? 친구들과 이야기해 보세요. 예 옷

오늘 날씨가 어때?

날씨 이야기

계절마다 날씨가 달라.

날씨가 달라지면서 사람들이 입는 옷도 달라져.

💬 오늘 날씨가 어떤가요?
💬 '후덥지근하다'라는 말은 무슨 뜻일까요?
　　① 덥고 습도가 높다　② 춥고 건조하다

같은 계절이라도 매일 날씨가 다르기도 해.

여름에 비가 오면 날씨가 조금 더 시원해지는 것처럼 말이야.

💬 날씨를 표현하는 말은 또 무엇이 있을까요?
친구들과 자유롭게 이야기해 보세요. 예) 서늘하다

날씨를 어떻게 알 수 있을까?

우리는 오늘의 날씨를 확인할 수 있어.

날씨가 추운지, 더운지 알아보고

오늘은 어떤 옷을 입을지 고를 수도 있지.

 "오늘은 어제보다 날씨가 춥네! 장갑을 껴야겠어."

 "오늘 날씨가 더우니까 반바지를 입어야지."

날씨를 어떻게 알 수 있냐고?

바로 '온도'라는 숫자를 보면 알 수 있어!

- 날씨가 더운지 추운지 알아보는 방법은 무엇이 있을까요? 친구들과 자유롭게 이야기해 보세요.
- 오른쪽 그림에서 사람들은 무엇을 보고 날씨가 덥다는 걸 알았나요?
- 내 스마트폰에 온도를 확인할 수 있는 방법이 있나요?

온도가 뭐야?

물이나 공기처럼 여러 가지 물질에는 온도가 있어.

온도는 물질이 얼마나 차가운지, 얼마나 따뜻한지 알려 주는 숫자야.

물의 온도를 보면 물이 차가운지, 따뜻한지 알 수 있지.

온도를 나타내는 기호도 있어.

숫자 옆에 ℃(도씨)나 °(도)라는 기호가 있으면 온도야.

위에 있는 숫자와 기호를 어떻게 읽으면 되냐고?

'섭씨 30도'라고 읽거나 '30도'라고 읽으면 돼.

💬 지금 내 주변에 어떤 숫자가 있나요?
　　주변을 자세히 살펴보면서 숫자를 찾아보세요.

💬 ℃(도씨)나 °(도)라는 기호를 본 적이 있나요?

우리는 온도계라는 물건으로
온도를 확인할 수 있어.

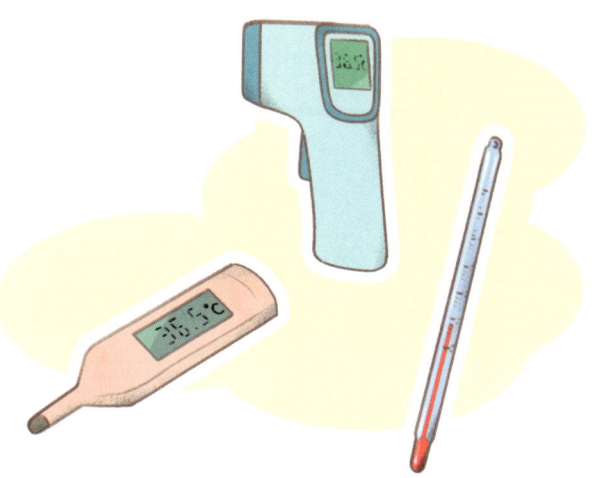

아플 때 병원에서 온도를 재본 적이 있지?
이렇게 온도를 재면
우리 몸의 온도를 알 수 있어.
몸에서 열이 나는지도 알 수 있지.

어떤 사람들은 요리를 할 때
음식 재료의 온도를 확인하기도 해.

💬 온도계를 사용해서 온도를 확인해 보세요.
　① 따뜻한 물　② 시원한 물　③ 아이스크림

공기의 온도마다 날씨는 어떻게 다를까?

공기에도 온도가 있어.

온도가 30도 정도면 사람들은 날씨가 덥다고 느껴.

여름에 온도가 30도를 넘는 날이 많아.

온도가 낮아지면 어떨까? 날씨는 점점 시원해져.

온도가 10도 정도가 되면

사람들은 날씨가 쌀쌀하다고 느껴.

추운 겨울에는 온도가 0도보다 낮아져.

온도가 0도보다 낮으면 숫자 앞에 −를 적고 '영하'라고 읽어.

온도가 영하일 때는 날씨가 정말 추워.

물도 꽁꽁 얼어서 얼음이 돼.

- 날씨가 가장 더운 온도는 무엇일까요?
  ① 20도 ② 27도 ③ 33도
- 0도보다 낮은 온도를 뭐라고 부르나요?
- 영하 5도와 영하 15도 중에서 더 차가운 온도는 무엇일까요?

온도가 너무 높을 때는 어떡하지?

여름에는 온도가 30도를 넘는 날이 많아.

온도가 높아서 날씨가 덥지.

날씨가 더울 때 어떻게 하면 시원해질까?

💬 오늘 온도가 몇 도인지 어떻게 알 수 있을까요?
　　예 날씨 뉴스, 스마트폰 날씨 앱, 인터넷 검색

💬 다른 곳보다 더 시원하게 느껴지는 장소가 있나요?
　　예 분수대, 그늘, 동굴

시원한 장소에 찾아가기
예 분수대

여러 가지 방법이 있는데

많은 사람들이 에어컨을 사용해!

에어컨으로 온도를 낮춰 보자!

에어컨을 사용하면 집 안의 온도를 낮출 수 있어.

에어컨을 한번 켜볼까?

리모컨에 있는 전원 버튼을 누르면 에어컨이 켜져.

⏻ 버튼이 전원 버튼이야.

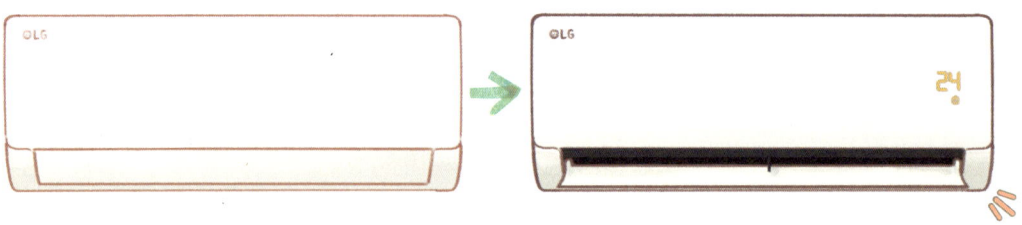

❝ 우리 집 에어컨의 리모컨에는 전원 버튼이 어디에 있나요?

❝ 우리 집 가전제품에서 전원 버튼을 찾아보세요.

에어컨을 켜면 희망온도를 설정해야 해.

희망온도는 내가 원하는 온도를 뜻해.

집 안의 온도를 26도로 바꾸고 싶다면

희망온도를 26도로 설정하면 돼.

리모컨에 있는 온도 버튼을 눌러서

희망온도를 바꿀 수 있어.

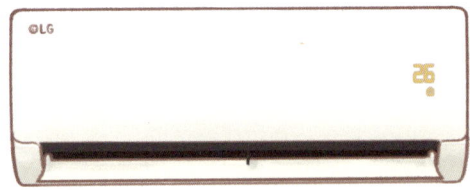

⌃ 버튼을 누르면

희망온도가 1도씩 올라가.

⌄ 버튼을 누르면

희망온도는 1도씩 내려가.

> 집 안의 온도가 28도입니다.
> 온도를 26도로 내리고 싶습니다.
> 에어컨 희망온도를 몇 도로 설정하면 될까요?

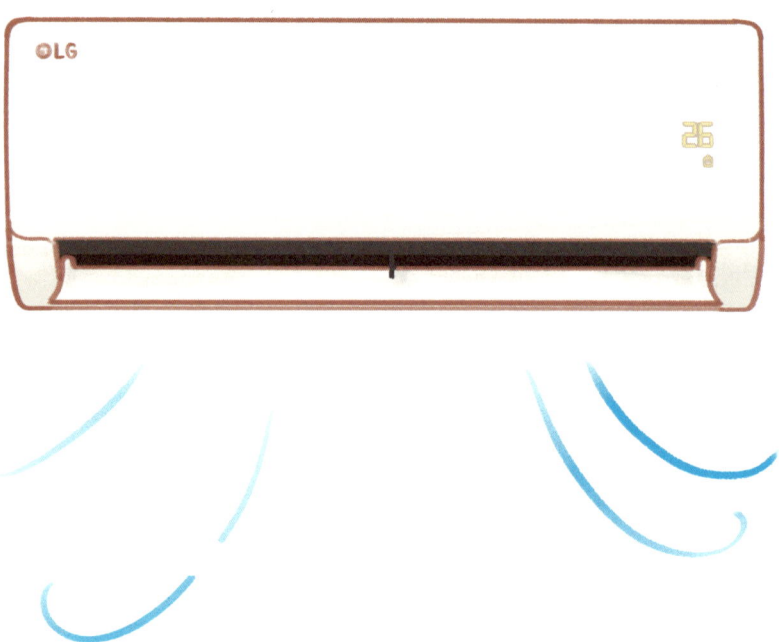

에어컨 희망온도를 설정하면
에어컨에서 시원한 바람이 나와.
시원한 바람이 퍼지면서 집 안이 시원해질 거야.

희망온도를 바꿀 때 알아두세요!

집 안의 온도가 28도입니다.
집 안이 더워서 에어컨을 켰습니다.
그런데 에어컨 희망온도가 30도면 어떨까요?
집 안의 온도가 내려가지 않습니다.
집 안이 시원해지지 않습니다.

에어컨을 켜서 온도를 내리려면
희망온도를 집 안의 온도보다 낮게 바꾸세요.
그래야 에어컨에서 시원한 바람이 나옵니다.
집 안이 시원해집니다.

오늘은 온도가 몇 도일까?

오늘은 날씨가 어때?

온도를 한번 확인해 봐.

온도가 높아서 날씨가 덥게 느껴지면 에어컨을 켜봐.

오늘 하루를 더 시원하게 보낼 수 있을 거야!

> 친구들과 함께 '온도 게임'을 해보세요.
> ① 오늘 온도는 몇 도일까요? 내 생각을 종이에 적으세요.
> ② 나와 친구들이 모두 종이에 온도를 적었나요?
>   온도를 몇 도라고 적었는지 확인하세요.
> ③ 인터넷에 '지역 이름'과 '오늘 날씨'를 검색하세요. 예 여의도 오늘 날씨
> ④ 검색해서 알아본 온도와 가장 비슷하게 온도를 적은 사람이 게임에서 이깁니다.

에어컨, 어떻게 사용해야 할까?

날씨가 더운 여름입니다.

민서네 가족은 에어컨을 사용하려고 합니다.

에어컨을 어떻게 사용해야 할까요?

그림을 보면서 이야기해 봅시다.

- 민서네 집 안의 온도는 몇 도일까요?
  그림에서 온도계를 찾아서 이야기해 보세요.
- 나는 집에 있을 때 무엇을 하나요?

에어컨, 어떻게 사용해야 할까?

에어컨을 켤 때 창문을 어떻게 해야 할까?

날씨가 더워서
민서네 가족은 에어컨을 켰습니다.

그런데 거실 창문이 열려 있네요.
에어컨을 켜는 동안 창문을 열어 두면
어떻게 될까요?

💬 에어컨을 켜는 동안 창문을 열어 두면 어떻게 될까요?
친구들과 자유롭게 이야기해 보세요.

에어컨, 어떻게 사용해야 할까?

49

에어컨을 켜는 동안 창문을 닫아요

에어컨을 켜면 에어컨에서 시원한 바람이 나옵니다.

시원한 바람이 퍼지면서 집 안이 시원해집니다.

그런데 창문이 열려 있으면 어떨까요?

에어컨에서 나오는 시원한 바람이 집 밖으로 나갑니다.

그리고 밖에 있는 더운 공기가 집 안으로 들어옵니다.

에어컨을 켜도 집 안이 시원해지지 않을 수 있습니다.

에어컨을 켤 때는 창문을 닫으세요.

집 안이 더 빠르게 시원해집니다.

❝ 에어컨을 켤 때 왜 창문을 닫아야 하나요?

에어컨 희망온도는 어떻게 바꾸지?

민서네 가족은 거실 창문을 닫았습니다.

이제 에어컨 희망온도를 바꾸려고 하네요.

집 안의 온도를 내리려면

에어컨 희망온도를 낮게 설정하면 됩니다.

희망온도는 18도에서 30도까지 설정할 수 있습니다.

민서네 가족은 희망온도를 18도로

가장 낮게 설정했네요.

그런데 희망온도를 오랫동안 18도로

설정해 두어도 괜찮을까요?

💬 에어컨 희망온도를 몇 도로 설정하는 것이 좋을까요?
친구들과 자유롭게 이야기해 보세요.

에어컨, 어떻게 사용해야 할까?

에어컨 희망온도를 26도로 설정해요

여름에 18도는 춥게 느껴질 수 있는 온도입니다.

에어컨 희망온도를 오랫동안 18도로 설정해 두면

집 안이 춥게 느껴질 수 있습니다.

감기에 걸린 것처럼 내 몸이 아플 수도 있습니다.

에어컨을 켤 때 희망온도를 26도로 설정하세요.
26도 정도가 여름에 시원하다고 느낄 수 있는
적당한 온도입니다.

❝ 에어컨 희망온도가 너무 낮으면 어떤 문제가 생기나요?
❝ 감기에 걸린 것처럼 몸이 아플 때 어떻게 해야 할까요?

에어컨을 사용할 때 창문을 계속 닫아도 될까?

민서네 가족은 희망온도를 26도로 바꾸었습니다.
에어컨에서 시원한 바람이 나와서
집 안이 시원해졌습니다.

그리고 4시간이 더 지났습니다.
민서네 가족은 에어컨을 켜는 동안
창문을 계속 닫아 두었습니다.
에어컨을 사용할 때
창문을 계속 닫아도 될까요?

💬 에어컨을 사용할 때 창문을 계속 닫아도 될까요?
친구들과 자유롭게 이야기해 보세요.

에어컨, 어떻게 사용해야 할까?

2시간에 한 번씩 창문을 열어요

에어컨을 켜면 공기가 차가워지고 건조해집니다.

공기가 차갑고 건조한 곳에 오래 있으면 내 몸이 아플 수 있습니다.

머리가 어지럽거나 목구멍, 콧구멍이 아플 수 있습니다.

에어컨을 켜는 동안 2시간에 한 번씩 창문을 여세요.
차갑고 건조한 공기가 바깥으로 나갈 수 있게
창문을 15분 넘게 열어 두세요.

💬 나는 집에서 언제 창문을 열어 두나요? 〔예〕 청소할 때

에어컨이 왜 바로 꺼지지 않지?

민서네 가족은 에어컨을 끄려고
리모컨에 있는 전원 버튼을 눌렀습니다.
그런데 에어컨이 바로 꺼지지 않았습니다.
에어컨에서 바람이 나오다가
10분이 지나고 에어컨이 꺼졌습니다.

왜 에어컨이 바로 꺼지지 않은 걸까요?

> 에어컨은 왜 바로 꺼지지 않았을까요?
> 친구들과 자유롭게 이야기해 보세요.

에어컨에 곰팡이가 생기지 않게 관리해요

어떤 에어컨에는 'AI(에이아이) 건조' 기능이 있습니다.

'AI 건조' 기능이 있으면 에어컨이 바로 꺼지지 않습니다.

에어컨에서 바람이 나오다가 꺼집니다.

왜 에어컨에 'AI 건조' 기능이 있는 걸까요?

에어컨을 켜는 동안 에어컨 안쪽에 물방울이 생깁니다.

물방울을 말리지 않으면 에어컨 안쪽에

곰팡이가 생길 수 있습니다. 에어컨에서 냄새가 날 수 있습니다.

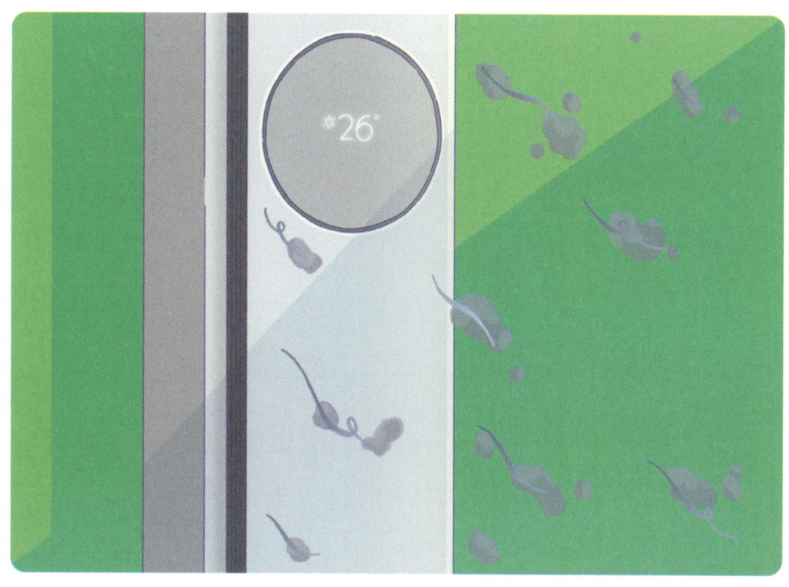

그런데 'AI 건조' 기능이 있으면 어떨까요?

에어컨이 바로 꺼지지 않고 몇 분 동안 바람이 나옵니다.

바람이 나와서 에어컨 안쪽에 있는 물방울이 마릅니다.

에어컨에 곰팡이가 생기지 않게 막을 수 있습니다.

> * 우리 집 에어컨에 'AI 건조' 기능이 없나요?
> 에어컨을 '송풍'으로 30분 동안 켜두었다가 끄세요.
> '송풍'으로 켜는 동안 바람이 나와서
> 에어컨 안쪽에 있는 물방울이 마릅니다.
> 에어컨에 곰팡이가 생기지 않게 막을 수 있습니다.

💬 에어컨에 곰팡이가 생기면 어떤 문제가 생길까요?

💬 'AI 건조'를 '자동 건조'라고 부르기도 합니다.
우리 집 에어컨에 'AI 건조'나 '자동 건조' 기능이 있나요?

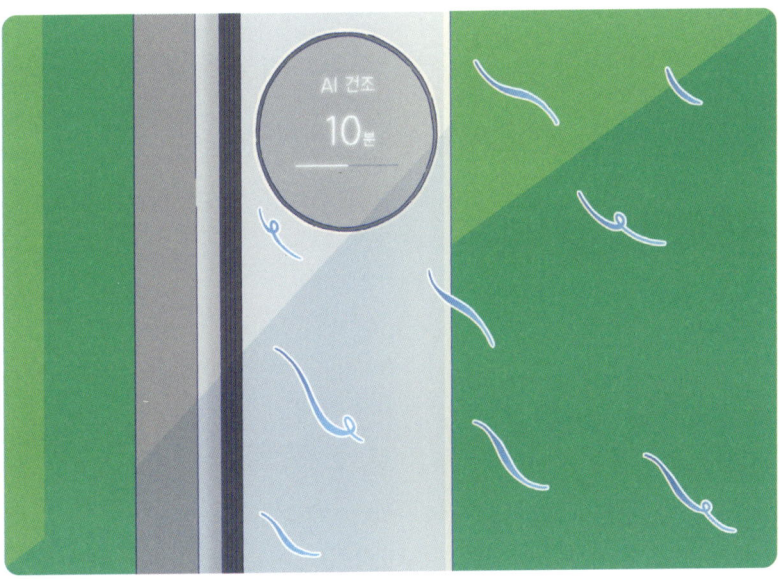

에어컨 사용법, 우리 함께 기억해요!

1. 에어컨을 켜는 동안 창문을 닫아요.

2. 에어컨 희망온도를 26도로 설정해요.

3. 2시간에 한 번씩 창문을 열어요.

4. 에어컨에 곰팡이가 생기지 않게 관리해요.
   - 'AI 건조' 기능을 사용하세요.
   - 'AI 건조' 기능이 없다면 '송풍' 기능을 사용하세요. 에어컨을 '송풍'으로 켜두었다가 30분이 지나면 에어컨을 끄세요.

💬 에어컨을 올바르게 사용하는 방법은 또 무엇이 있을까요? 친구들과 이야기해 보세요.

에어컨, 어떻게 사용해야 할까?

에어컨에서 차가운 바람은 어떻게 나오는 걸까?

💬 에어컨에서 차가운 바람은 어떻게 나오는 걸까요?
친구들과 자유롭게 이야기해 보세요.

에어컨을 켜면 차가운 바람이 나옵니다.
차가운 바람이 나오는 기계를
'실내기'라고 불러요.
실내기는 거실이나 방에서
볼 수 있어요.

그런데 에어컨은 실내기만 있으면 안 돼요.
실내기와 함께 다른 기계도 있어야 해요.
다른 기계의 이름은 무엇일까요?

실외기를 소개합니다

에어컨에는 '실외기'라는 기계도 있어요.

💬 실외기를 본 적이 있나요?

실외기는 베란다나 실외기실 같은 곳에 있어요.
어떤 건물에는 옥상에 실외기가 있기도 해요.

💬 실외기는 왜 베란다나 실외기실에 따로 놓여 있을까요?

실내기와 실외기는 연결되어 있어요!

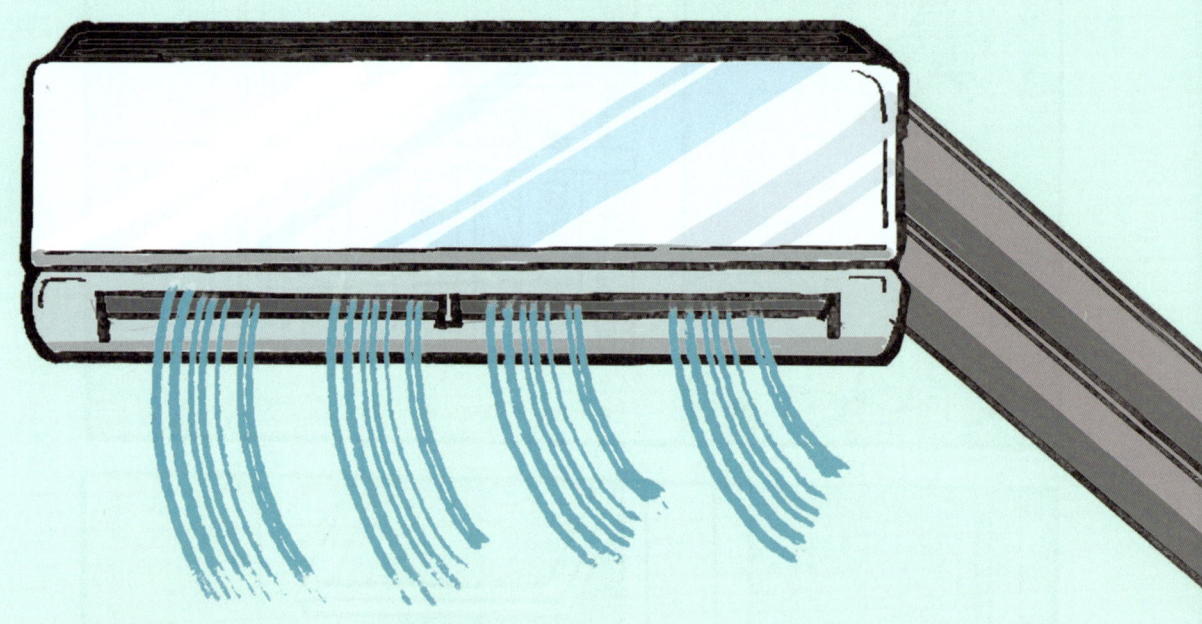

실내기와 실외기는 기다란 통로로 연결되어 있어요.
에어컨을 켜면 실내기에서는 차가운 바람이 나와요.
실외기에서는 뜨거운 바람이 나옵니다.

에어컨에서 어떻게 차가운 바람과 뜨거운 바람이 나오는 걸까요?

바로 에어컨 속에 ??가 있기 때문이에요.

💬 에어컨 속에 있는 ??는 무엇일까요?
친구들과 자유롭게 이야기해 보세요.

'냉매'가 있기 때문이야!

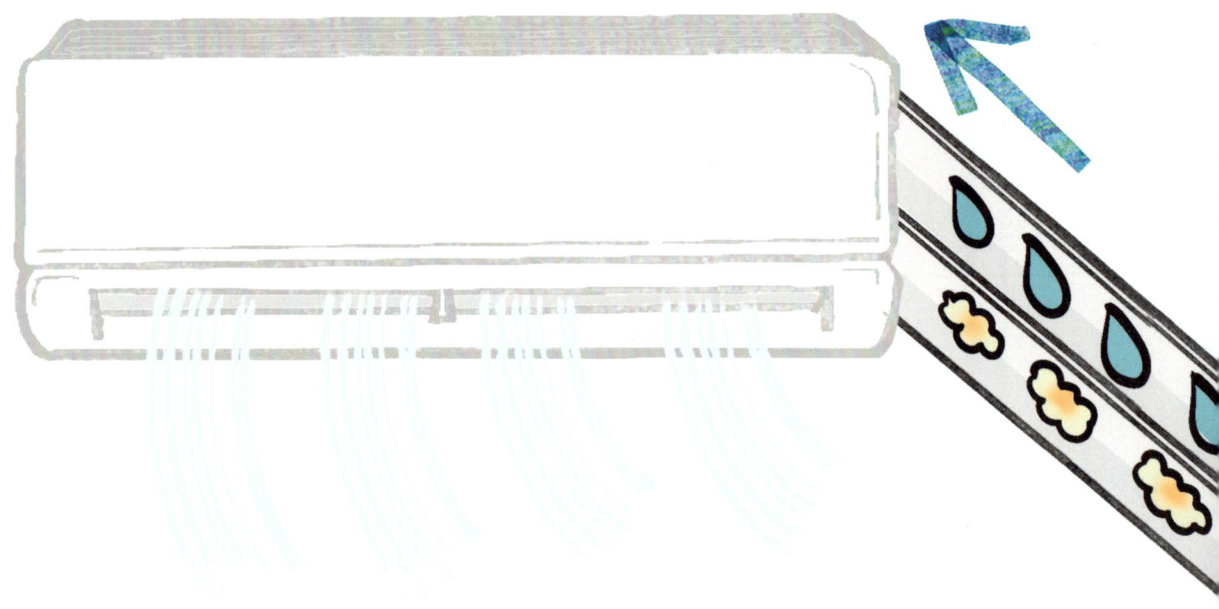

에어컨 속에는 '냉매'가 있어요.

에어컨을 켜면 냉매가 기다란 통로를 지나면서 움직여요.

실내기와 실외기 사이를 왔다 갔다 움직여요.

💬 '냉매'라는 말을 들어 본 적이 있나요?
💬 그림에서 냉매를 찾아보세요.

실내기에서 냉매는 공기를 차갑게 만들고요.
실외기에서는 뜨거운 공기를 밖으로 내보내요.

실내기에서 냉매가 어떻게 공기를 차갑게
만드는 걸까요?

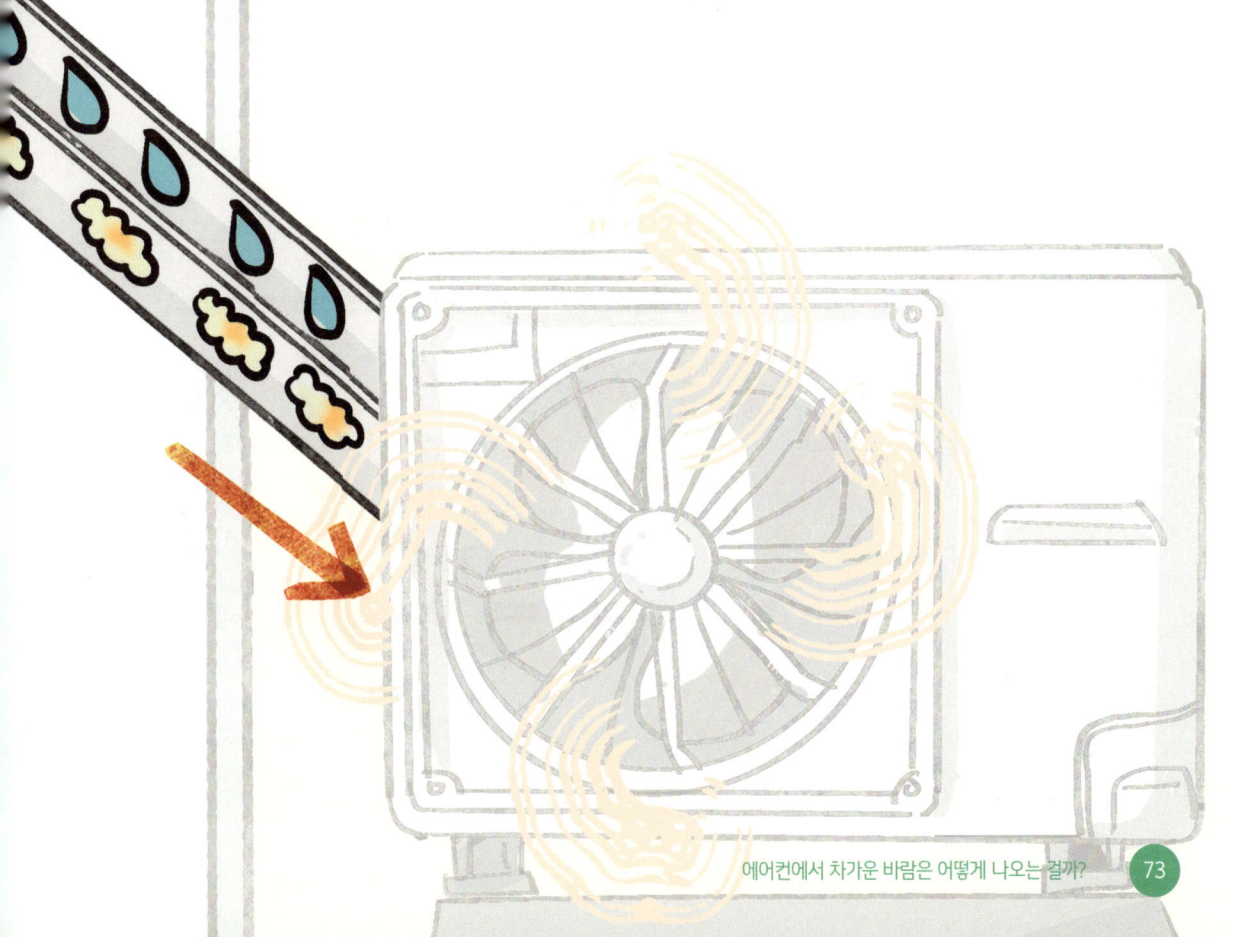

냉매가 공기를 차갑게 만드는 방법

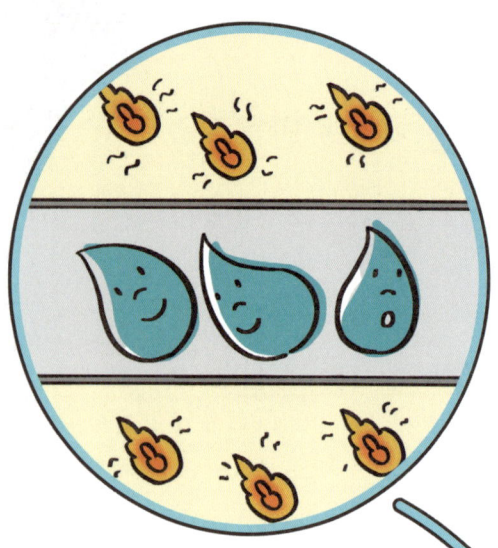

왼쪽에 있는 그림을 보세요.
냉매가 물처럼 액체 상태로 있네요.
냉매 주변에는 더운 공기가 있어요.
더운 공기에 열 에너지가 많습니다.

냉매는 더운 공기에 있는
열 에너지를 빼앗습니다.
열 에너지를 빼앗으면서
냉매는 기체로 변합니다.

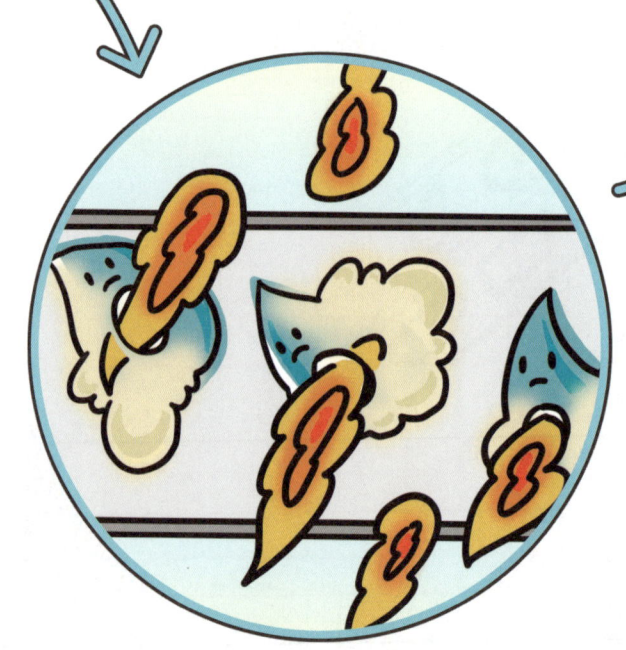

💬 액체 상태로 있는 것은
또 무엇이 있을까요? [예] 바닷물

더운 공기에 있는 열 에너지가 줄어들어요.

공기가 차가워져요.

이렇게 냉매는 공기에 있는 열 에너지를 빼앗아서

공기를 차갑게 만듭니다.

실내기에서도 냉매는 똑같은 일을 해요.

한번 자세히 알아볼까요?

💬 냉매는 어떻게 공기를 차갑게 만드나요?

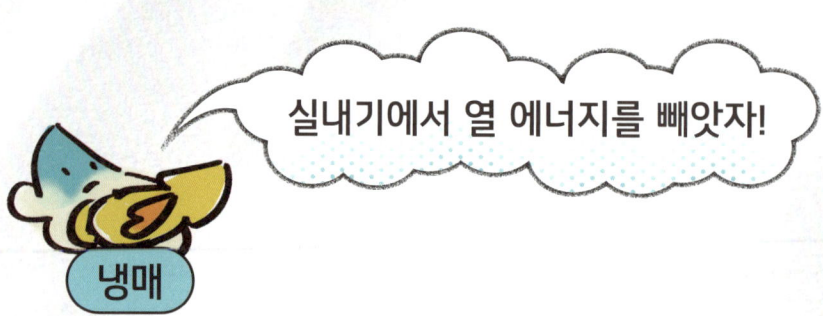

실내기에서 열 에너지를 빼앗자!

냉매

에어컨을 켜면 더운 공기가 실내기로 빨려 들어갑니다.
실내기에 있는 구불구불한 통로에서
냉매가 일을 시작해요.

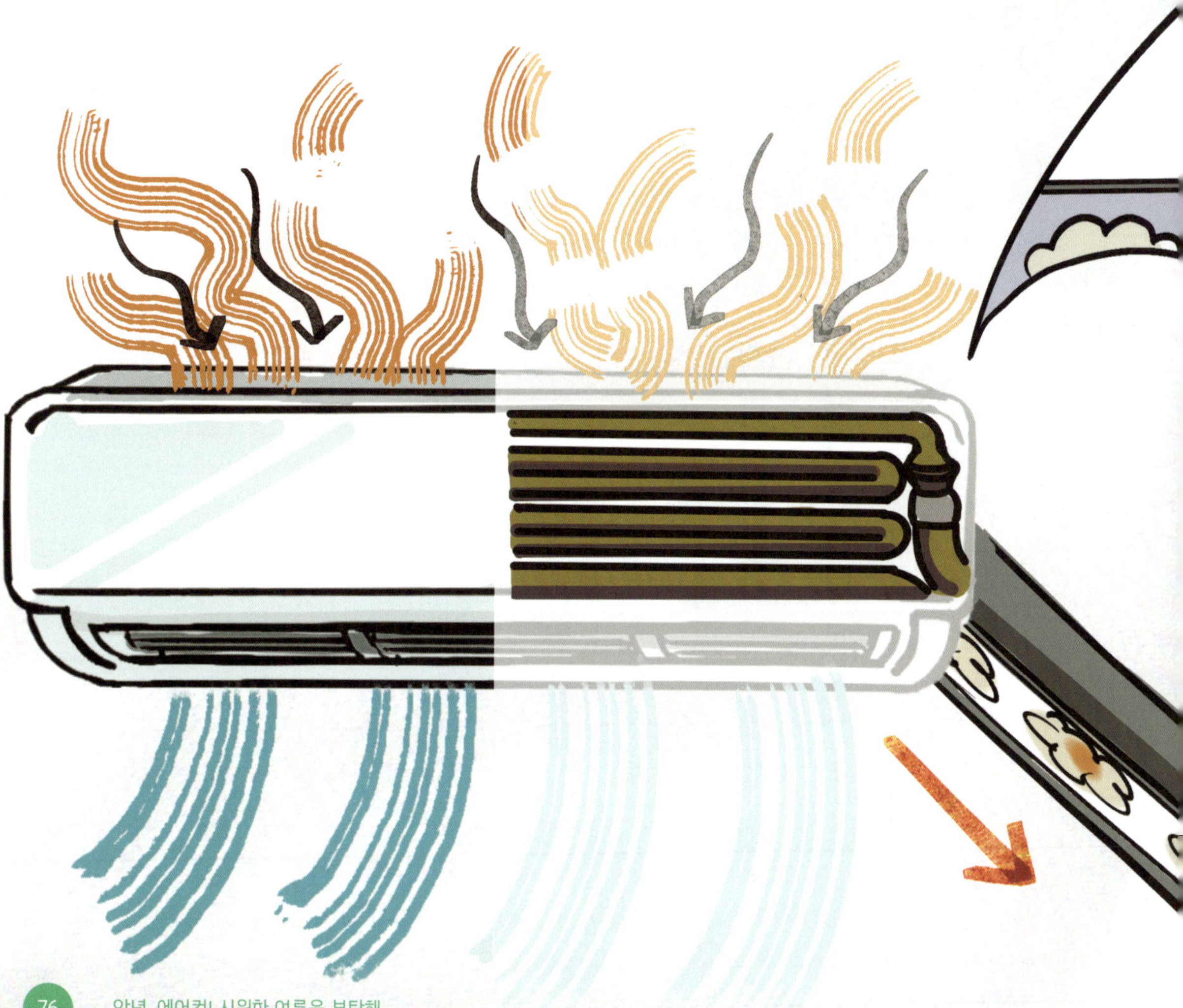

실내기에 있는 냉매는 처음에 액체 상태예요.

냉매는 더운 공기에 있는 열 에너지를 빼앗아요.

열 에너지를 빼앗으면서 액체에서 기체로 변해요.

더운 공기에 있는 열 에너지가 줄어들어서 공기가 차가워져요.

차가워진 공기는 실내기 밖으로 나가요.

집 안이 시원해져요.

실내기에서 열 에너지를 빼앗은 냉매는 이제 어디로 갈까요?

실외기에서 열 에너지를 밖으로 보내자!

냉매

냉매는 열 에너지를 가지고 실외기로 가요.

실외기에도 구불구불한 통로가 있어요.

냉매는 통로를 지나가면서 열 에너지를 밖으로 내보냅니다.

실외기에서는 뜨거운 바람이 나와요.

냉매가 열 에너지를 밖으로 내보내면

냉매는 다시 액체로 변해요.

액체로 변한 냉매는 다시 실내기로 가요.

에어컨 속을 돌고 도는 냉매

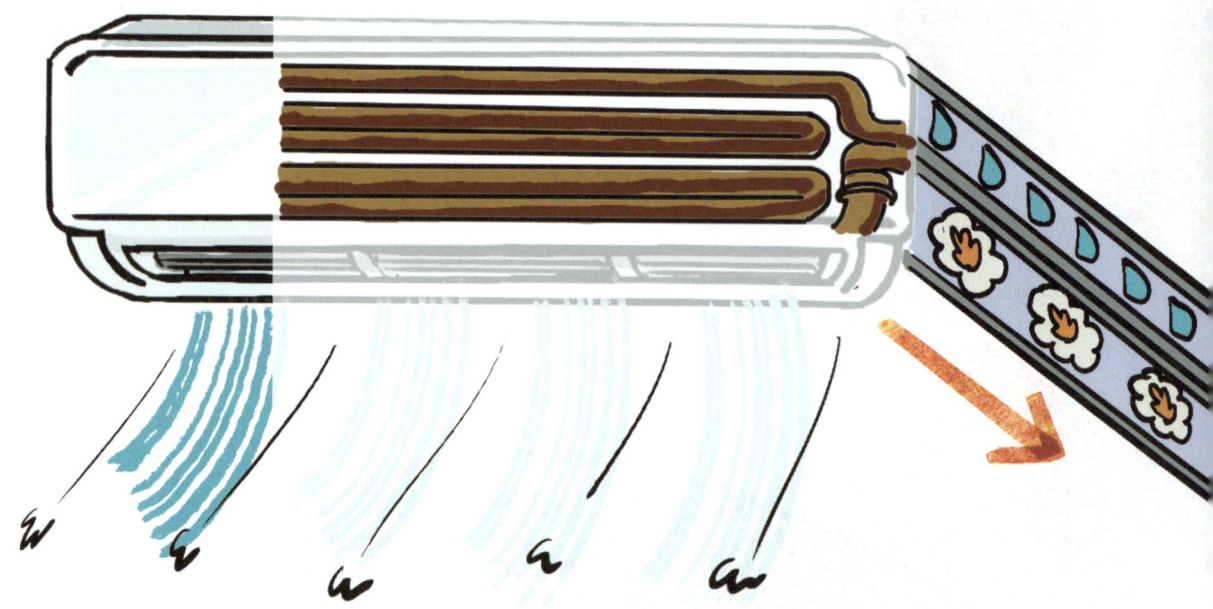

냉매는 에어컨에 있는 통로를 지나다니면서
에어컨 속을 돌고 돌아요.
실내기에서 냉매는 열 에너지를 빼앗아서
공기를 차갑게 만들고요.

실외기에서 냉매는 열 에너지를 밖으로 내보내요.
이렇게 냉매가 에어컨 속을 돌고 돌면서
집 안을 시원하게 만든답니다!

실외기를 사용할 때 기억하세요

1

실외기 주변에 물건이 많으면 어떨까요?

실외기에서 뜨거운 바람이 잘 나오지 못해요.

그러면 거실이나 방에 있는 실내기에서는

차가운 바람이 나오지 않아요.

거실이나 방이 시원해지지 않아요.

실외기 주변에는 물건을 놓지 마세요.

실외기 주변에 있는 물건을 정리하세요.

2 실외기가 있는 곳에 창문이 닫혀 있으면 어떨까요?
실외기에서 나오는 뜨거운 바람이 집 밖으로 나가지 못해요.
그러면 거실이나 방에 있는 실내기에서는
차가운 바람이 나오지 않아요.
거실이나 방이 시원해지지 않아요.

에어컨을 사용하는 동안에는
실외기가 있는 곳의 창문을 열어 두세요.

옛날부터 지금까지! 다양한 에어컨 이야기

여름에 많은 사람들이 에어컨을 사용합니다.
에어컨은 왜 만들어졌을까요?
시간이 지나면서 에어컨은 어떻게 달라졌을까요?

💬 에어컨은 처음에 왜 만들어졌을까요?
  친구들과 자유롭게 이야기해 보세요.
💬 84쪽, 85쪽에 있는 그림에서 에어컨을 찾아보세요.

옛날부터 지금까지! 다양한 에어컨 이야기

옛날 에어컨 이야기

에어컨은 미국에서 처음으로 만들어졌습니다.
왜 에어컨을 만들었을까요?

옛날 미국 뉴욕에 책을 만드는 회사가 있었습니다.
회사에서는 여름마다 문제가 생겼습니다.
여름이 되면 종이가 쭈글쭈글해졌습니다.

종이가 쭈글쭈글해졌어.
책을 만들기 힘들어.

여름이 되면 왜 종이가 쭈글쭈글해졌을까요?

공기에 수증기가 많아졌기 때문입니다.

공기에 있는 작은 물방울을 '수증기'라고 부릅니다.

여름에 날씨가 더워지면 공기에 수증기가 많아집니다.

미국 뉴욕에서도 여름이 되면 공기에 수증기가 많아졌습니다.

종이도 물에 젖은 것처럼 쭈글쭈글해졌습니다.

💬 미국 뉴욕은 어디에 있을까요? 세계 지도에서 찾아보세요.
💬 책을 만드는 회사에서 여름마다 어떤 문제가 생겼나요?
💬 종이에 물을 묻히면 종이가 어떻게 되나요?

미국에서 캐리어라는 발명가는
종이가 쭈글쭈글해지는 문제를 해결하려고 했습니다.
캐리어는 새로운 기계를 만들었습니다.

기계는 더운 공기를 시원하게 만들었습니다.
공기가 시원해지면서 공기에 있는 수증기도 줄어들었습니다.
이 기계가 바로 최초의 에어컨입니다.

1902년에 책을 만드는 회사에서
에어컨이 처음으로 설치되었습니다.
여름에 에어컨을 켜면 공기가 시원해졌습니다.
공기에 있는 수증기도 줄어들었습니다.
종이가 쭈글쭈글해지는 문제도 해결되었습니다.

우리나라 에어컨은 언제 처음 만들어졌을까?

우리나라에서는 1968년에 처음으로 에어컨이 만들어졌습니다.
'금성사'라는 회사에서 처음으로 에어컨을 만들었습니다.
에어컨을 창문에 설치해서 켜면 시원한 바람이 나왔습니다.

💬 금성사에서 1968년에 만든 에어컨은 모양이 어떤가요?
요즘 에어컨과 비교하면서 관찰해 보세요.

💬 금성사는 지금 LG(엘지)전자입니다.
우리 집에 LG전자에서 만든 제품이 있나요?
집 안에서 LG전자 제품을 찾아보세요.

지금은 에어컨 종류가 더 다양해졌습니다. 사람들은 자신에게 필요한 에어컨을 골라서 사용할 수 있습니다.

벽걸이형 에어컨

스탠드형 에어컨

❝ 우리 집에 있는 에어컨은 어떤 종류인가요? 그림에서 찾아보세요.

천장형 에어컨

아트쿨 에어컨

더 편리해진 에어컨!

요즘에는 사람들이 더 편리하게 사용할 수 있는 에어컨이 만들어지고 있습니다.
어떤 에어컨은 스마트폰에 연결해서 사용할 수 있습니다.
집 밖에서도 스마트폰으로 에어컨을 켜거나 끌 수 있습니다.

리모컨 대신 목소리로 작동할 수 있는 에어컨도 있습니다.
리모컨을 사용하기 힘든 사람들도
에어컨을 켜거나 끌 수 있습니다.

💬 스마트폰이나 목소리로 에어컨을 켤 수 있으면 무엇이 좋을까요?
💬 나는 어떤 에어컨을 가지고 싶나요?
   친구들과 자유롭게 이야기해 보세요.
   예 로봇처럼 움직이는 에어컨

에어컨이 있어서 다행이야!

많은 사람들이 사용하는 에어컨!

에어컨은 집, 학교, 카페처럼 많은 장소에 있습니다.

에어컨이 있어서 사람들은 여름을 더 시원하게

보낼 수 있게 되었습니다.

- 세상에 있는 에어컨이 모두 사라지면 어떻게 될까요?
- 에어컨이 있어서 좋은 점은 무엇이 있을까요?
- 96쪽에 빈칸이 2개 있습니다.
  첫 번째 칸에는 에어컨이 없을 때 모습을 그려 보세요.
  두 번째 칸에는 에어컨이 생겨서 달라진 모습을 그려 보세요.

미래에는 어떤 에어컨이 생길까?

에어컨은 1902년에 처음으로 만들어졌습니다.

우리나라에서는 1968년에 에어컨이 처음 만들어졌어요.

시간이 지날수록 에어컨은 발전하고 있습니다.

10년, 20년, 30년….

시간이 더 지나고 미래에는

어떤 에어컨이 생길까요?

자유롭게 상상해 보고 그림으로 그려 보세요!

 어떤 에어컨을 그렸나요? 친구들에게 소개해 보세요.

옛날부터 지금까지! 다양한 에어컨 이야기

여러 가지 물건으로 집을 꾸며 봐요

내 방과 우리 집 거실에 어떤 가전제품이 있으면 좋을까요?
'우리 집 꾸미기 스티커'에서 골라서
100쪽과 101쪽에 붙여 보세요.

가전학교 쉬운 글 도서

안녕, 에어컨!
시원한 여름을 부탁해

발행처	LG전자
기획	LG전자 HS본부 CX담당 HS고객가치혁신실

이 책의 내용을 상업적으로 사용할 때는 반드시 출처를 밝혀야 하며
HS고객가치혁신실 담당자(hacvi@lge.com)에게 연락 바랍니다.

주소	서울시 영등포구 여의대로 128
고객센터	1544-7777
홈페이지	www.lge.com
출판사	피치마켓
디자인	피치마켓
감수	피치마켓 프렌즈
창간	2023년 04월 20일
초판 1쇄 발행	2025년 10월 09일
ISBN	979-11-92754-70-3
	979-11-92754-68-0 (세트)

Copyright © 2025 LG Electronics. All rights reserved.

경험과 지식이 부족한 사람은 보호자의 감독이나 지시 없이
제품을 안전하게 사용할 수 없습니다.

제품을 안전하게 사용할 수 있도록
보호자와 함께하세요.

이 책에 있는 내용은
LG전자의 '아트쿨 에어컨 제품 사용설명서'
일부를 쉬운 글로 번안한 것입니다.
아래에 있는 큐알코드를 스캔해서 화면 가장 아래에 있는
고객지원 > 사용설명서를 선택하세요.
제품 사용설명서를 볼 수 있습니다.

목차

에어컨을 사용할 때 알아두세요

4

에어컨, 더 자세히 알아봐요
: 아트쿨 에어컨

8

아트쿨 에어컨,
이렇게도 사용해 보세요
32

LG전자 서비스 센터
52

에어컨을 사용할 때 알아두세요

 희망온도를 26도로 설정하세요.

에어컨을 사용할 때 희망온도를 설정해야 합니다.
희망온도는 내가 원하는 온도입니다.
희망온도는 18도에서 30도까지 설정할 수 있습니다.

그런데 희망온도를 너무 낮게 설정하면 어떨까요?
집 안이 춥게 느껴질 수 있습니다.
감기에 걸린 것처럼 내 몸이 아플 수 있습니다.

에어컨을 사용할 때 희망온도를 26도로 설정하세요.
그리고 2시간에 한 번씩 창문을 여세요.
차가운 공기가 바깥에 나갈 수 있게
창문을 15분 넘게 열어 두세요.

에어컨을 사용할 때 알아두세요

창문에 있는 커튼이나 블라인드를 치세요.

에어컨을 켜는 동안

창문에 있는 커튼이나 블라인드를 치세요.

커튼이나 블라인드로 햇빛을 가리면

집 안의 온도가 더 내려갑니다.

집 안이 더 빠르게 시원해집니다.

선풍기를 함께 사용해 보세요.

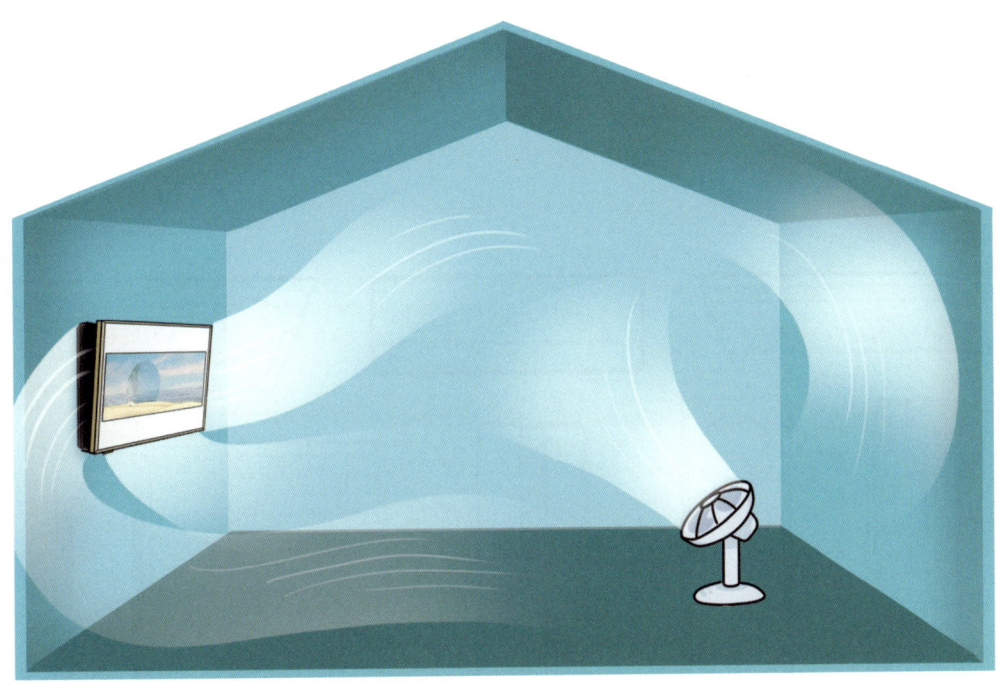

에어컨을 켜는 동안 선풍기를 함께 사용해 보세요.

에어컨에서 나오는 바람이 집 안에 골고루 퍼집니다.

집 안이 더 빠르게 시원해집니다.

에어컨, 더 자세히 알아봐요
: 아트쿨 에어컨

에어컨 살펴보기

실내기

화면에서 희망온도나 바람세기처럼 다양한 정보를 확인할 수 있습니다.

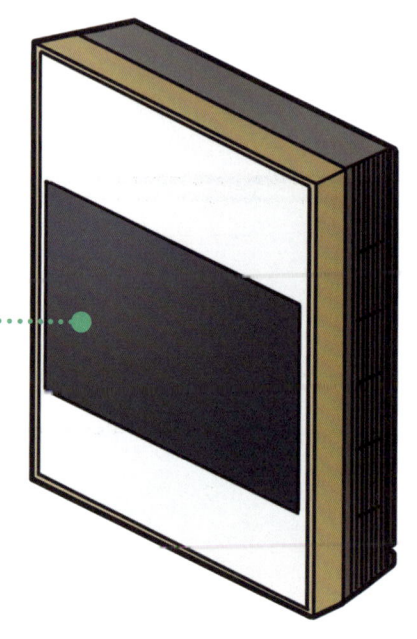

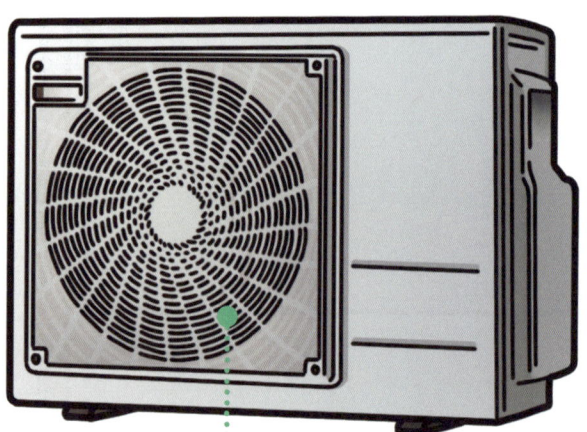

실외기

실내기와 연결되어 있는 기계입니다.
실외기에서는 뜨거운 바람이 나옵니다.

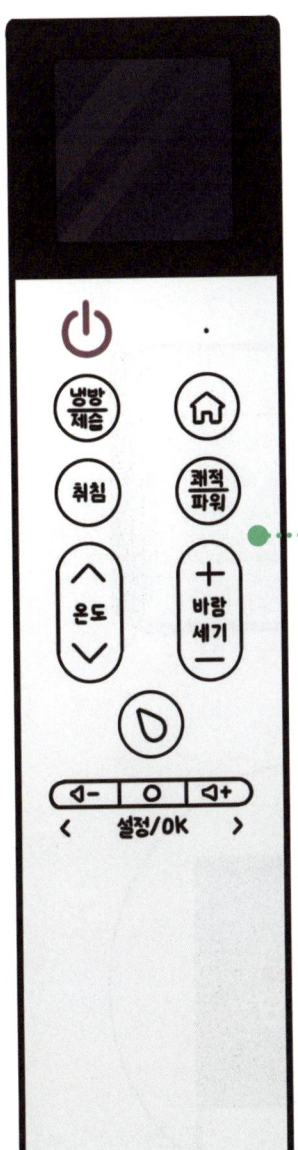

리모컨

에어컨을 켜거나 끌 수 있습니다.

희망온도나 바람세기처럼

다양한 기능을 설정할 수 있습니다.

리모컨과 에어컨 연결하기

리모컨에 '블루투스 연결필요'라고 나타나나요?

리모컨과 에어컨을 연결하세요.

리모컨과 에어컨을 연결하는 방법

① 냉방/제습 버튼을 3초 동안 누르세요.

② 리모컨에 '연결성공'이라고 나타나면 연결이 완료됩니다. 리모컨으로 에어컨을 사용할 수 있습니다.

리모컨으로 에어컨 켜고 끄기

리모컨에 있는 ⏻ 전원 버튼으로 에어컨을 켜거나 끌 수 있습니다.

에어컨을 켜고 끄는 방법

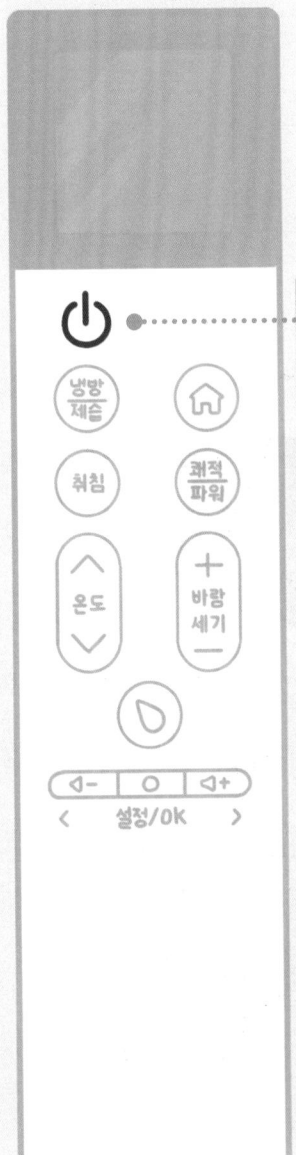

리모컨으로 에어컨을 가리키면서
⏻ 전원 버튼을 누르세요.
에어컨이 켜집니다.

에어컨이 켜져 있을 때
⏻ 전원 버튼을 누르면 에어컨이 꺼집니다.

에어컨을 냉방으로 켜기

에어컨을 켜서 집 안을 시원하게 만들고 싶나요?

'냉방' 기능을 사용해 보세요.

에어컨에서 차가운 바람이 나옵니다.

집 안이 시원해집니다.

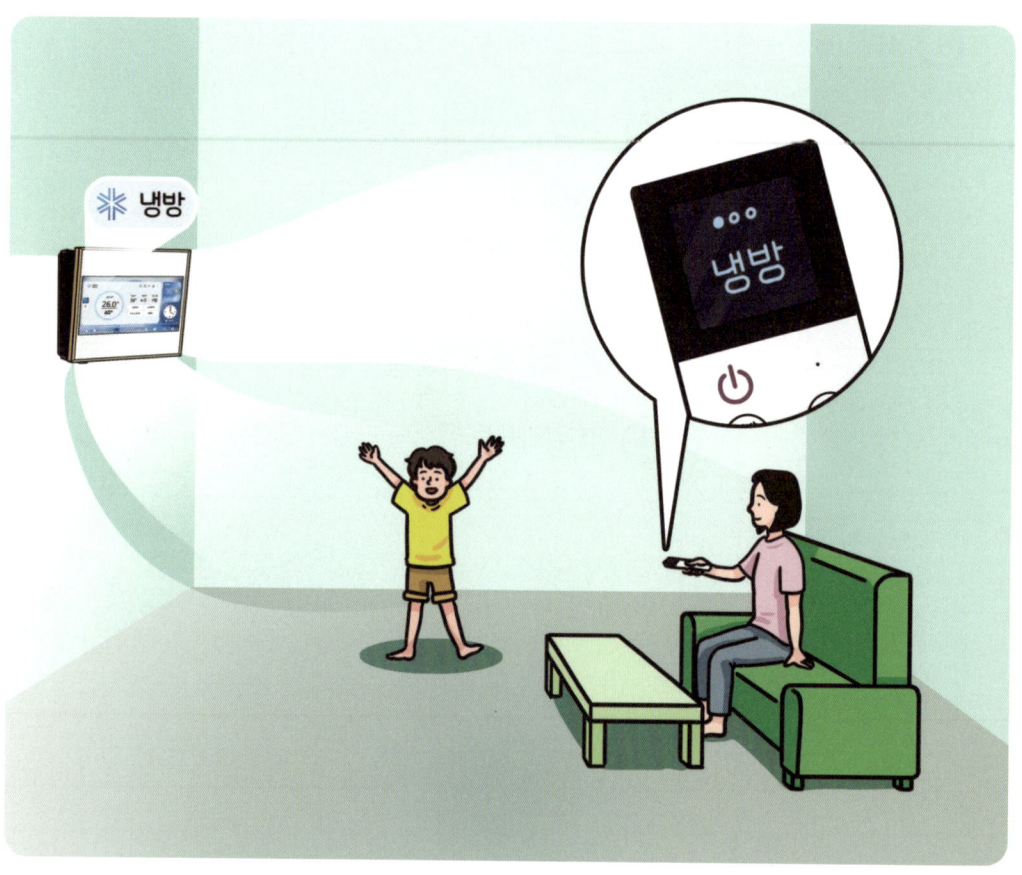

에어컨을 냉방으로 켜는 방법

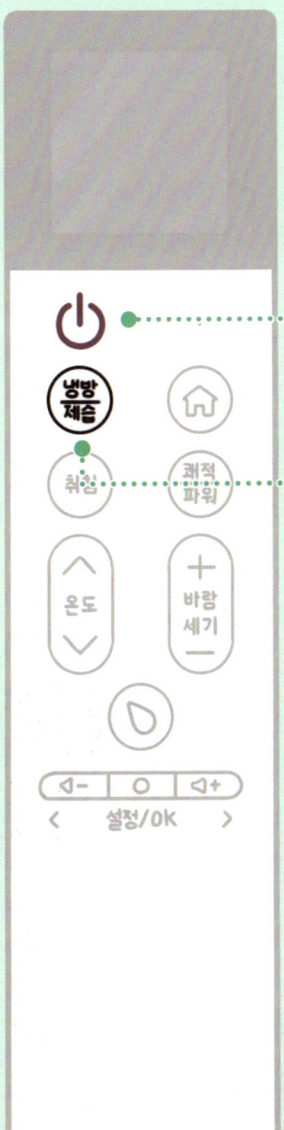

1. ⏻ 전원 버튼을 눌러서 에어컨을 켜세요.

2. 🔘 냉방/제습 버튼을 누르세요.
버튼을 누를 때마다
리모컨에 냉방, 제습, 송풍이 표시됩니다.
냉방을 선택하면 냉방이 시작됩니다.
에어컨에서 차가운 바람이 나옵니다.

희망온도 바꾸기

에어컨에서 희망온도를 바꿔보세요.

희망온도는 내가 원하는 온도를 뜻합니다.

집 안 온도를 26도로 바꾸고 싶다면

희망온도를 26도로 설정하면 됩니다.

리모컨이나 에어컨 화면에서 희망온도를 확인할 수 있습니다.

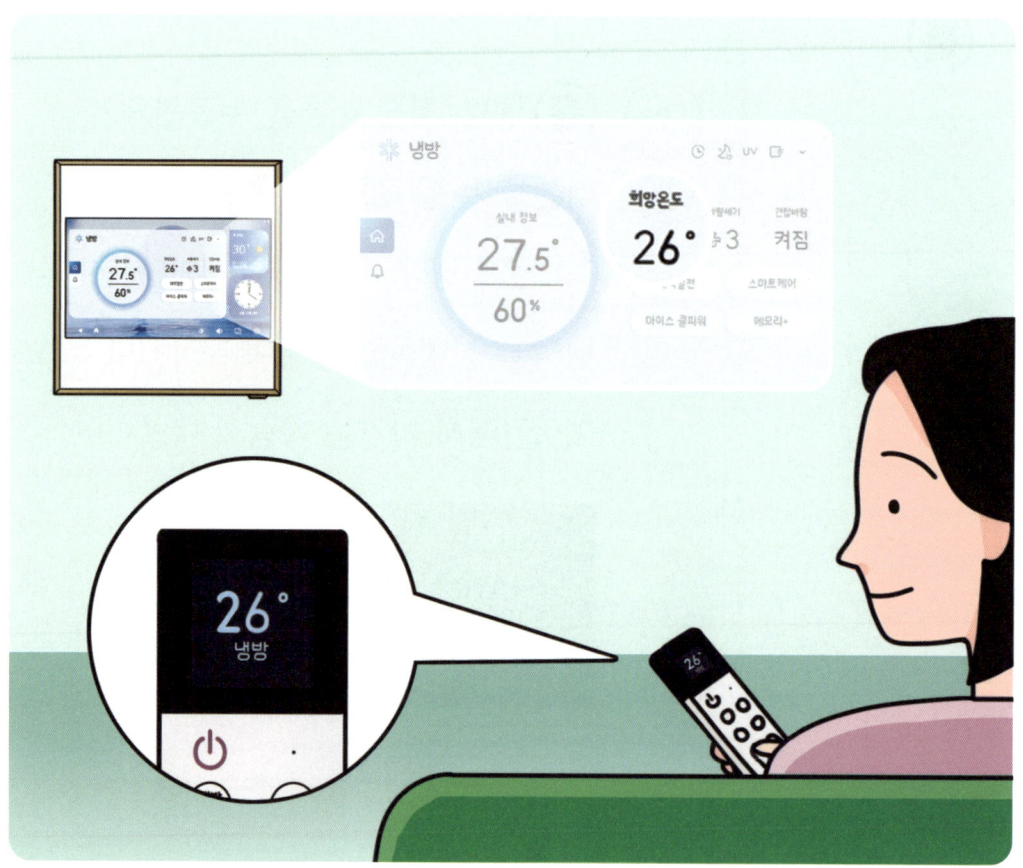

희망온도를 바꾸는 방법

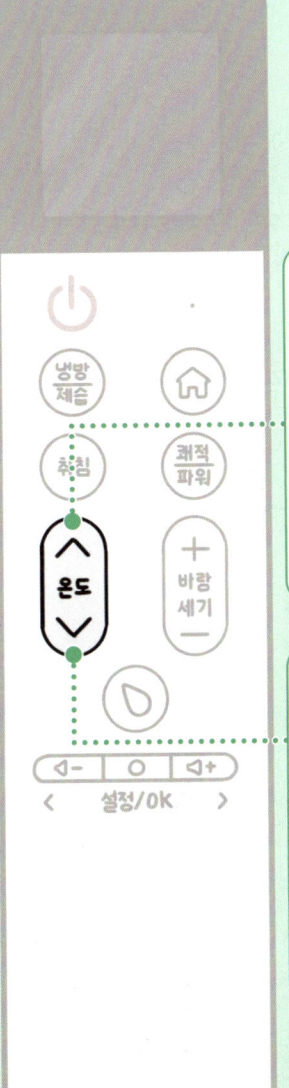

희망온도를 올리고 싶나요?

온도 버튼에서 ∧ 버튼을 누르세요.

희망온도가 올라갑니다.

희망온도를 30도까지 올릴 수 있습니다.

희망온도를 내리고 싶나요?

온도 버튼에서 ∨ 버튼을 누르세요.

희망온도가 내려갑니다.

희망온도를 18도까지 내릴 수 있습니다.

바람세기 바꾸기

에어컨에서 바람세기를 바꿔보세요.

바람세기 숫자는 1부터 5까지 있습니다.

그리고 '자연' 바람세기가 있습니다.

바람세기 숫자가 클수록 에어컨에서 바람이 더 세게 나옵니다.

리모컨이나 에어컨 화면에서 바람세기를 확인할 수 있습니다.

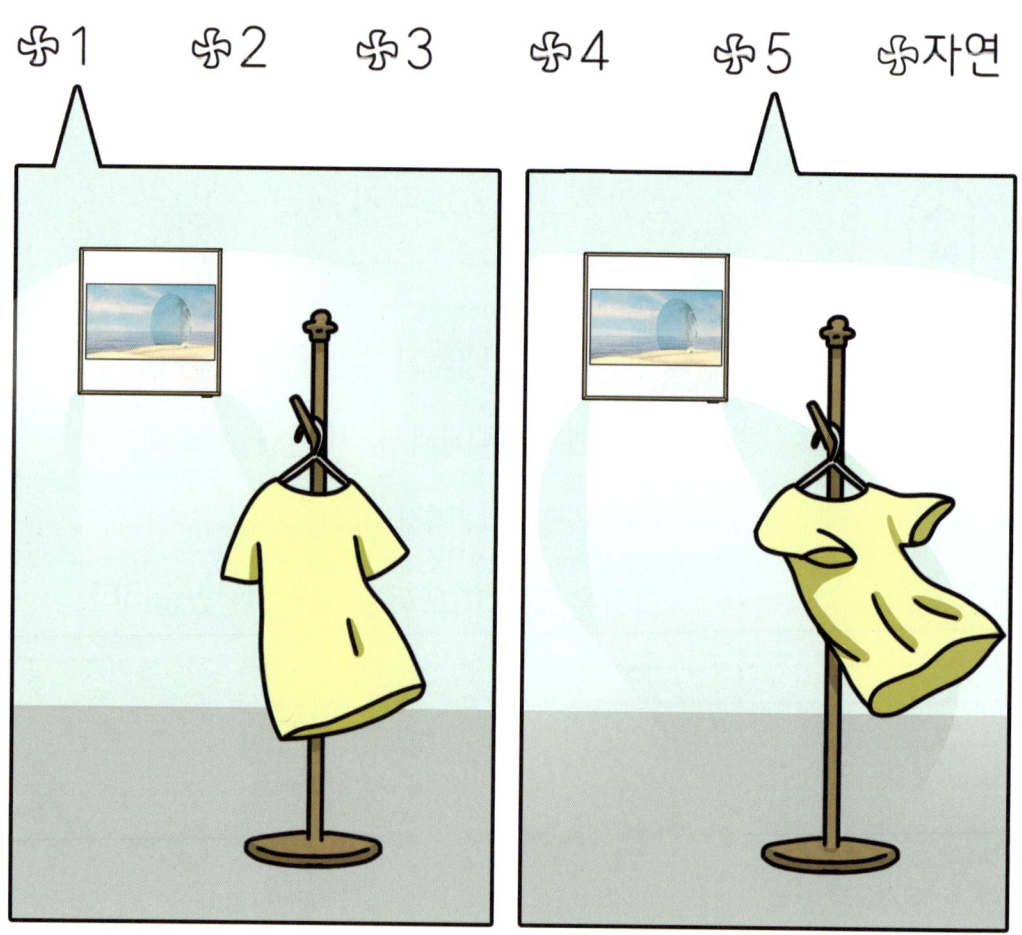

바람세기를 바꾸는 방법

바람이 더 세게 나왔으면 좋겠나요?

바람세기 버튼에서 + 버튼을 누르세요.

바람세기 숫자가 커집니다.

에어컨에서 바람이 더 세게 나옵니다.

바람이 더 약하게 나왔으면 좋겠나요?

바람세기 버튼에서 - 버튼을 누르세요.

바람세기 숫자가 작아집니다.

에어컨에서 바람이 더 약하게 나옵니다.

✱ 바람세기 5에서 + 버튼을 누르면 바람세기가 '자연'으로 설정됩니다.
'자연'으로 설정하면 바람세기가 자동으로 조절됩니다.

냉방, 이렇게도 사용해 보세요

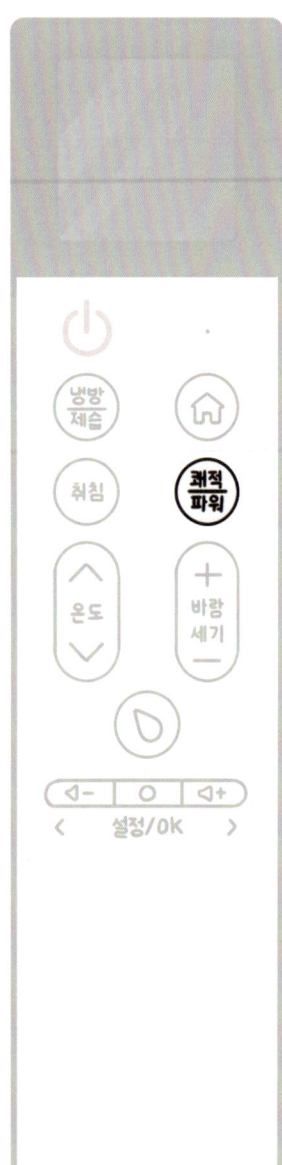

에어컨을 냉방으로 켜고
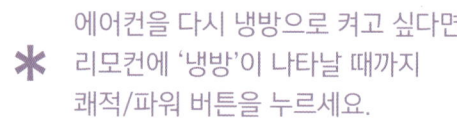 쾌적/파워 버튼을 누르면
다양한 기능을 사용할 수 있습니다.

 쾌적/파워 버튼을 누를 때마다
리모컨에 아래 순서대로 나타납니다.

① 쾌적절전
② 스마트케어
③ 아이스 쿨파워
④ 냉방

* 에어컨을 다시 냉방으로 켜고 싶다면 리모컨에 '냉방'이 나타날 때까지 쾌적/파워 버튼을 누르세요.

전기를 아낄 수 있도록
에어컨이 희망온도를 자동으로 설정합니다.

에어컨이 우리 집과 내 생활습관을 알아봅니다.
집 안의 온도를 희망온도에 맞추고
바람세기를 자동으로 조절합니다.

에어컨을 냉방으로 켰을 때보다
더 차가운 바람이 나옵니다.
집 안이 더 빠르게 시원해집니다.

잠잘 때 열대야 취침 기능 사용하기

에어컨에서 열대야 취침 기능을 사용해 보세요.

열대야 취침 기능을 사용하면

에어컨이 꺼지는 시간을 예약할 수 있습니다.

에어컨이 켜져 있는 동안에는 내가 편안하게 잠잘 수 있도록

바람세기가 자동으로 조절됩니다.

열대야 취침 기능을 사용하는 방법

① 전원 버튼을 눌러서 에어컨을 켜세요.

② 취침 버튼을 누르세요.

③ 취침 버튼을 눌러서 시간을 선택하면 예약이 완료됩니다. 시간은 30분부터 12시간까지 선택할 수 있습니다. 내가 선택한 시간만큼 에어컨이 켜져 있다가 꺼집니다.

5시간 후 꺼짐 설정됨

에어컨 화면 바꾸기

에어컨 화면은 두 가지 종류가 있습니다.

홈스크린 화면에서는 여러 가지 정보가 나타납니다.

희망온도, 바람세기처럼 다양한 기능을 확인할 수 있습니다.

커버스크린 화면에서는 그림이나 사진이 나타납니다.

에어컨 화면을 바꾸는 방법

에어컨을 켜고 리모컨에 있는 ⌂ 화면 버튼을 누르세요.
버튼을 누를 때마다 에어컨 화면이 홈스크린과 커버스크린으로 바뀝니다.

에어컨 화면을 끌 수도 있습니다.
⌂ 화면 버튼을 3초 동안 누르면 에어컨 화면이 꺼집니다.
다시 ⌂ 화면 버튼을 3초 동안 누르면 에어컨 화면이 켜집니다.

에어컨 화면에서 포인터 사용하기

에어컨 화면에 있는 내용을 리모컨으로 선택해서 사용할 수 있습니다.
리모컨에 있는 ▷ 포인터 버튼을 사용해 보세요.

포인터를 사용하는 방법

▶ 포인터 버튼을 누르면

화면에 포인터가 나타납니다.

리모컨을 움직이면 화면에 있는

포인터도 따라서 움직입니다.

화면에 있는 내용을 선택하고 싶나요?

선택하고 싶은 내용에 포인터를 놓고

▶ 포인터 버튼을 누르세요.

화면에서 포인터가 있는 곳이 선택됩니다.

화면을 위쪽이나 아래쪽으로 움직이고 싶나요?

▶ 포인터 버튼을 누른 상태에서

리모컨을 위쪽이나 아래쪽으로 움직이세요.

화면도 함께 움직입니다.

에어컨의 소리 크기 바꾸기

에어컨의 기능을 설정하거나 바꿀 때
에어컨에서 소리가 나옵니다.
에어컨에서 나오는 소리 크기를
더 작거나 크게 바꿀 수 있습니다.

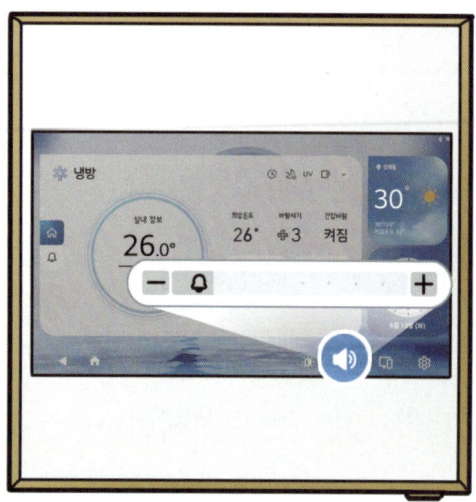
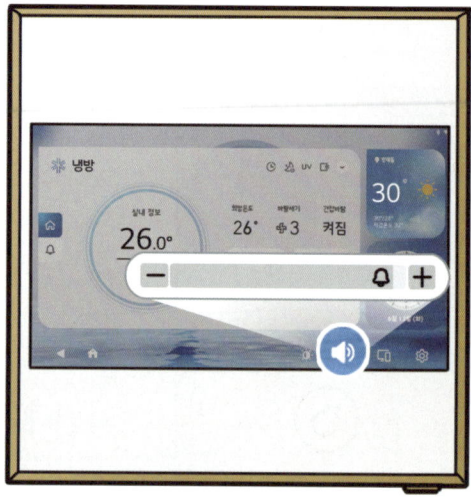

소리 크기를 바꾸는 방법

에어컨에서 나오는 소리 크기를 더 작게 바꾸고 싶나요?

◁- 버튼을 누르세요.

버튼을 누를수록 소리가 작아집니다.

에어컨에서 나오는 소리 크기를 더 크게 바꾸고 싶나요?

◁+ 버튼을 누르세요.

버튼을 누를수록 소리가 커집니다.

아트쿨 에어컨,
이렇게도 사용해 보세요

| 에어컨과 LG ThinQ(엘지 씽큐) 앱 연결하기 ·················· 34

스마트폰과 에어컨 화면 연결하기 …………………………… 44

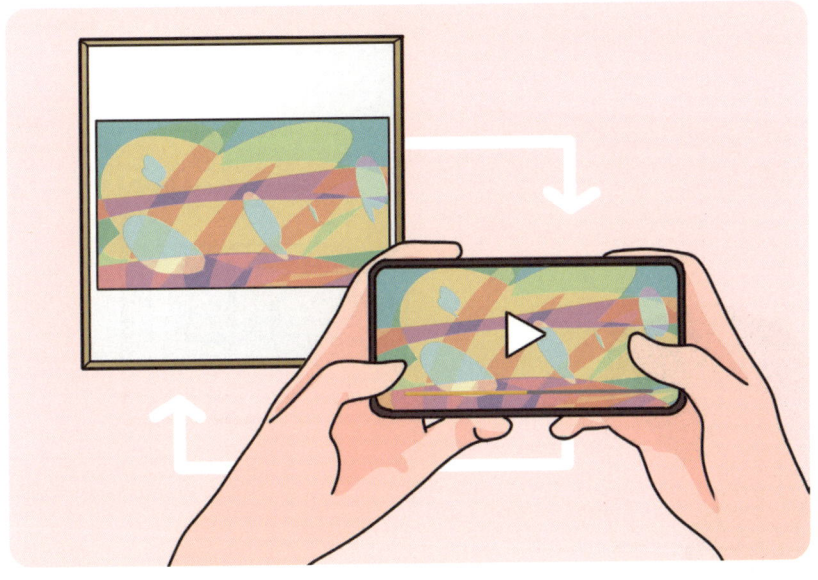

에어컨으로 나만의 액자 만들기 …………………………… 48

에어컨과 LG ThinQ(엘지 씽큐) 앱 연결하기

스마트폰에 있는 LG ThinQ 앱에 에어컨을 등록해 보세요.

리모컨 대신 스마트폰으로 에어컨을 작동할 수 있습니다.

집 밖에서도 에어컨을 켜거나 끌 수 있습니다.

순서대로 따라해 보면서 LG ThinQ 앱을 사용해 보세요.

① 스마트폰에 Wi-Fi(와이파이) 연결하기

LG ThinQ 앱에 에어컨을 등록하려면 와이파이가 필요합니다. 먼저 스마트폰에 와이파이를 연결하세요.

① 스마트폰에서 [설정]을 누르세요.

② 와이파이를 켜세요.

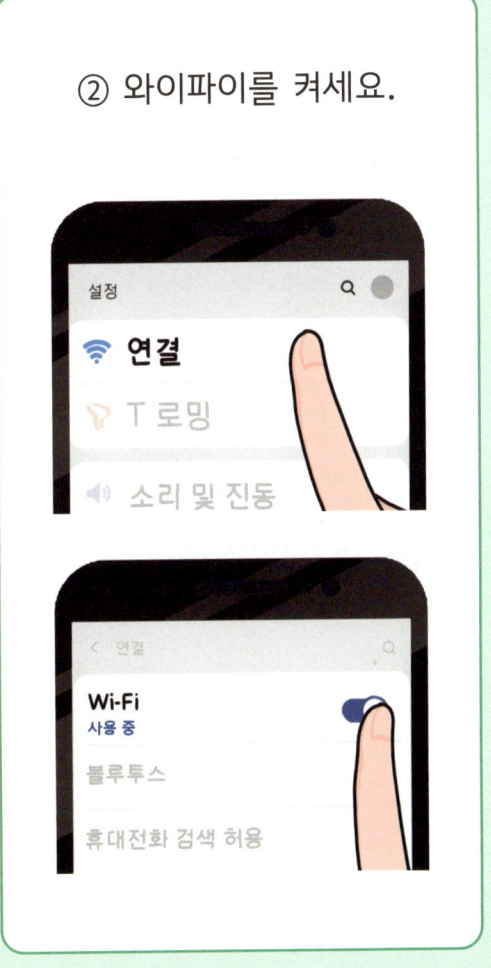

③ 내가 사용하는 와이파이를 선택하고 비밀번호를 입력하세요.

④ 스마트폰에 와이파이가 연결됩니다.

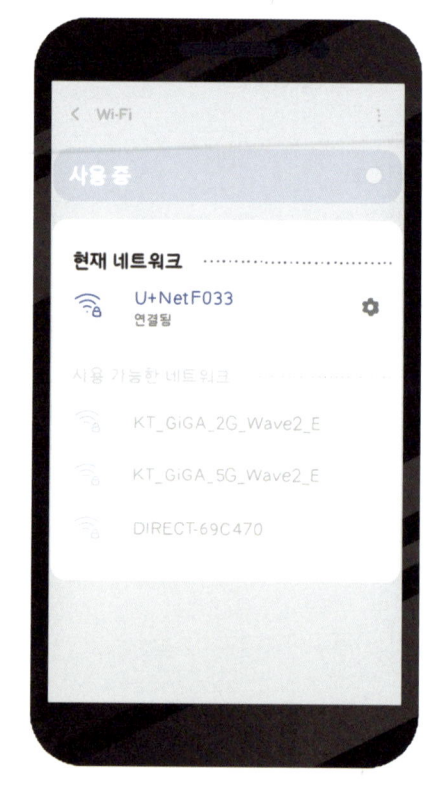

Wi-Fi(와이파이) 이름과 비밀번호를 알고 싶나요?

우리 집에서 사용하는 무선 공유기에
와이파이 이름과 비밀번호가 있습니다.
무선 공유기에 있는 스티커에서
와이파이 이름과 비밀번호를 확인해 보세요.

② LG ThinQ 앱 다운로드 받기

스마트폰에 LG ThinQ 앱을 다운로드 받으세요.

① 스마트폰에서 [구글 플레이 스토어]나 [앱 스토어]를 누르세요.

② 'LG ThinQ'를 검색해시 앱을 다운로드 받으세요.

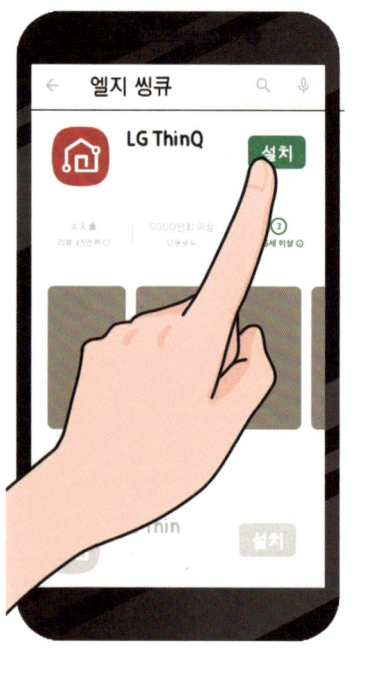

③ LG ThinQ 앱에 로그인하기

LG ThinQ 앱에서 로그인을 하세요.

LG전자에 회원가입을 해서 로그인할 수도 있습니다.

① 앱에 어떤 계정으로 로그인할지 선택하세요.

② 아이디와 비밀번호를 입력해서 로그인하세요.

4 LG ThinQ 앱에 에어컨 등록하기 QR 스캔하기

LG ThinQ 앱에 로그인을 했나요?

이제 LG ThinQ 앱에 에어컨을 등록해 보세요.

① 앱 화면에서 [제품 추가하기]를 누르세요.

② [QR 스캔하기]를 선택하세요.

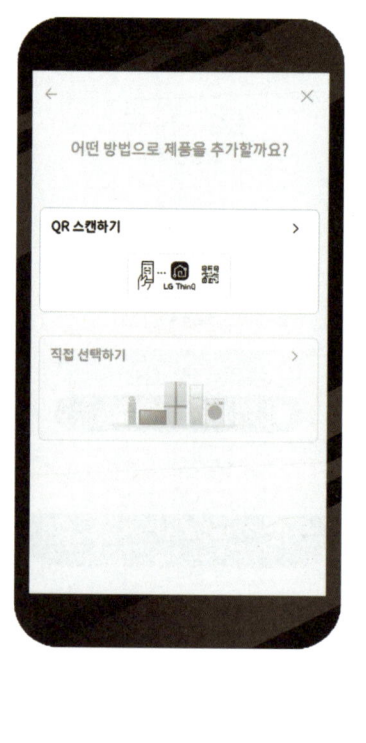

✱ LG ThinQ 앱에 에어컨을 등록하기 전에 확인하세요.
① 스마트폰과 에어컨에 2.4 GHz 와이파이가 연결되어 있어야 합니다.
② 스마트폰과 에어컨에 똑같은 와이파이가 연결되어 있어야 합니다.

③ 에어컨에 있는 QR코드를 스캔하세요. 그리고 앱에서 알려 주는 대로 따라하세요.

* 제품마다 QR코드 위치가 다를 수 있습니다.
'QR 위치 안내'를 눌러서 확인하세요.

④ 앱에 에어컨이 추가됩니다. 에어컨을 선택해서 다양한 기능을 사용할 수 있습니다.

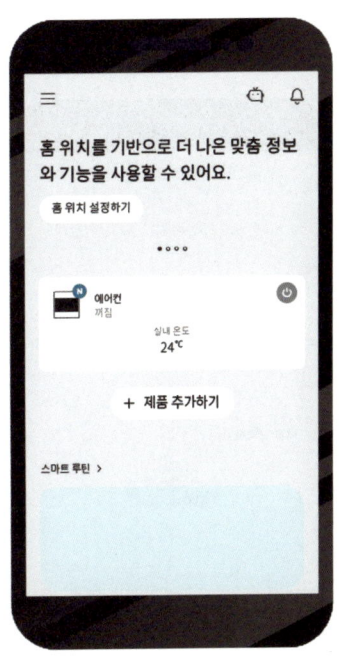

4 LG ThinQ 앱에 에어컨 등록하기 — 직접 선택하기

에어컨에 QR코드가 없나요?

[직접 선택하기]로 에어컨을 등록해 보세요.

① [직접 선택하기]를 선택하세요.

② '에어컨'을 선택하고 내가 사용하는 에어컨 종류를 선택하세요.

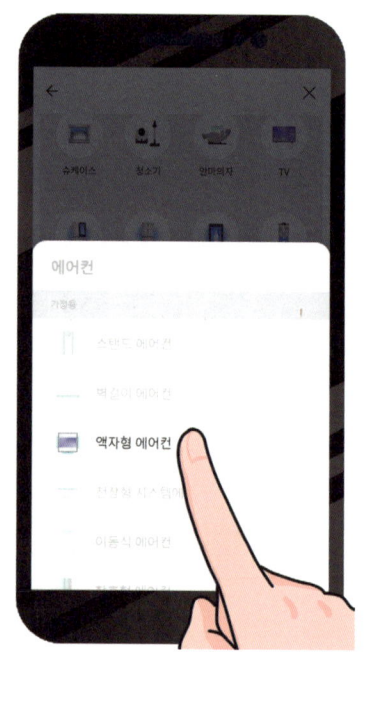

✱ LG ThinQ 앱에 에어컨을 등록하기 전에 확인하세요.
① 스마트폰과 에어컨에 2.4 GHz 와이파이가 연결되어 있어야 합니다.
② 스마트폰과 에어컨에 똑같은 와이파이가 연결되어 있어야 합니다.

③ 앱에 에어컨을 등록하는 방법이 순서대로 나타납니다. 앱에서 알려 주는 대로 따라하세요.

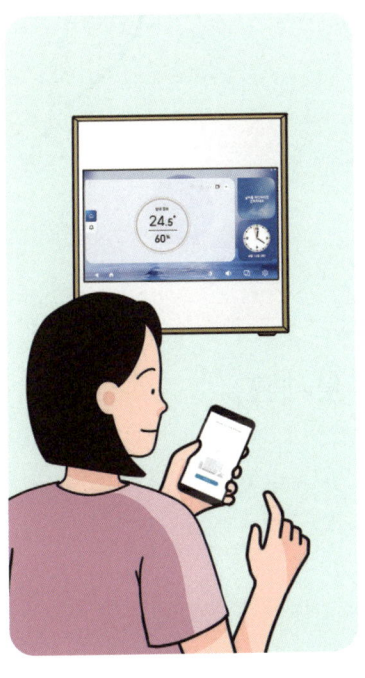

④ 앱에 에어컨이 추가됩니다. 에어컨을 선택해서 다양한 기능을 사용할 수 있습니다.

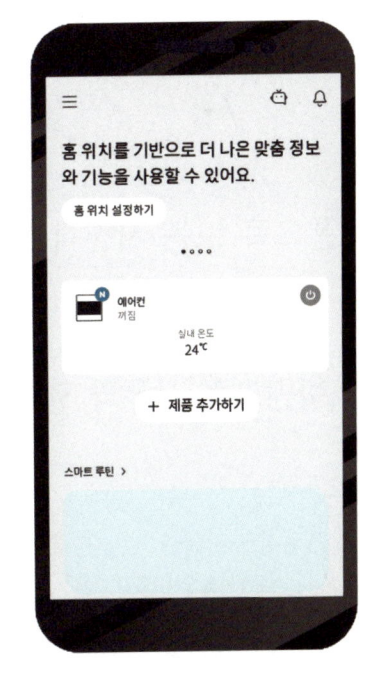

스마트폰과 에어컨 화면 연결하기

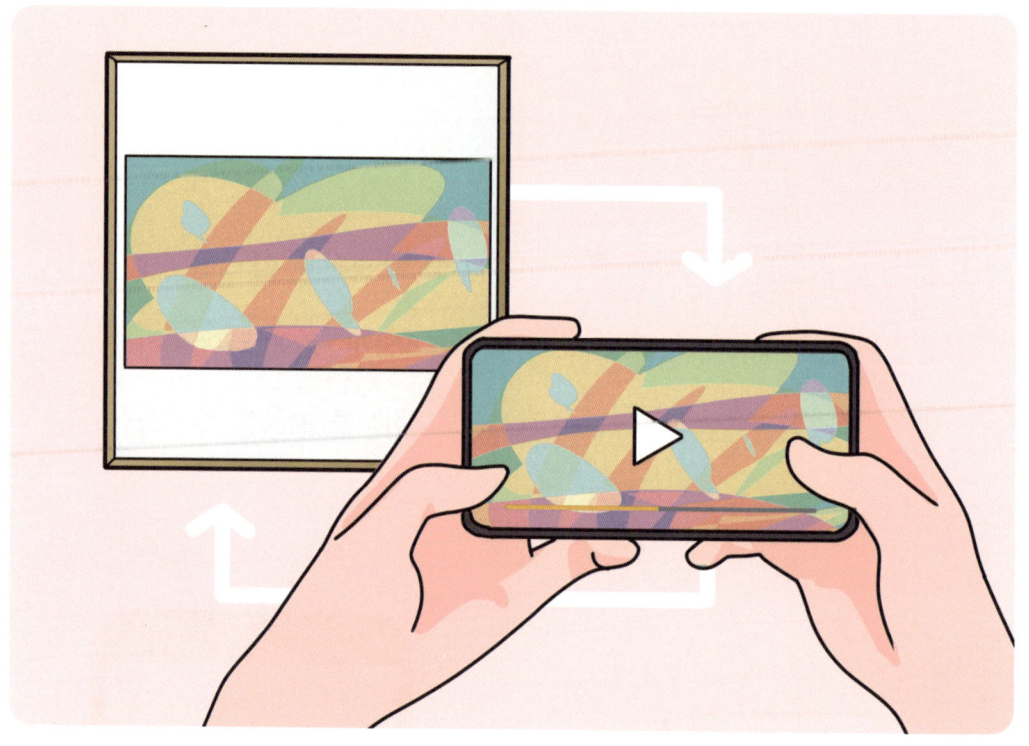

스마트폰으로 보는 사진과 영상을

에어컨 화면에서 볼 수 있습니다.

에어컨 화면으로 사진과 영상을 더 크게 보세요.

 안드로이드 스마트폰, 안드로이드 태블릿으로
에어컨 화면을 연결해서 볼 수 있습니다.

스마트폰과 에어컨 화면을 연결하는 방법

① 홈스크린 화면에서 🔲 미러링 버튼을 선택하세요.

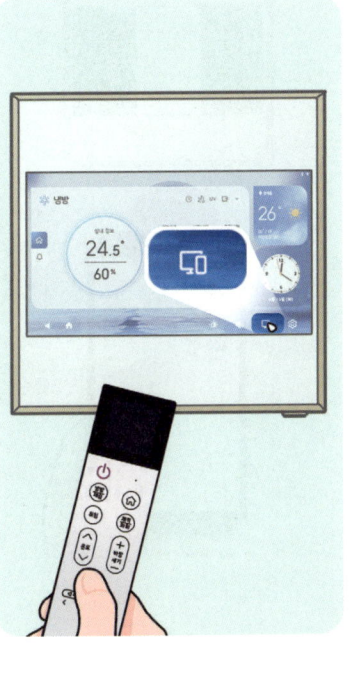

② 에어컨에 '스크린 미러링'이 나타나면 스마트폰에서 화면 공유 기능을 켜세요.

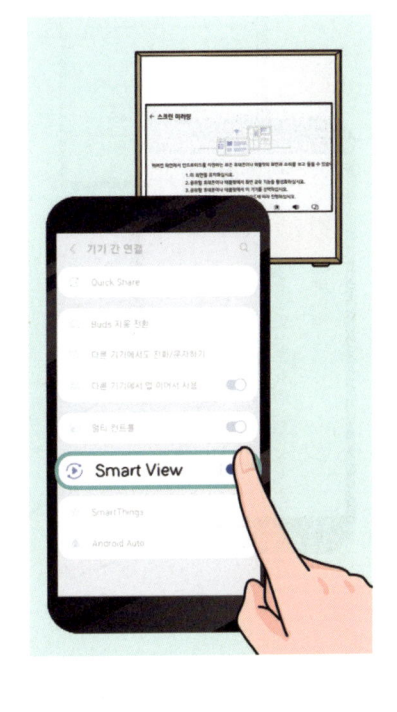

아트쿨 에어컨, 이렇게도 사용해 보세요

③ 스마트폰에 연결할 수 있는 기기 이름이 나타납니다. '에어컨'을 선택하세요.

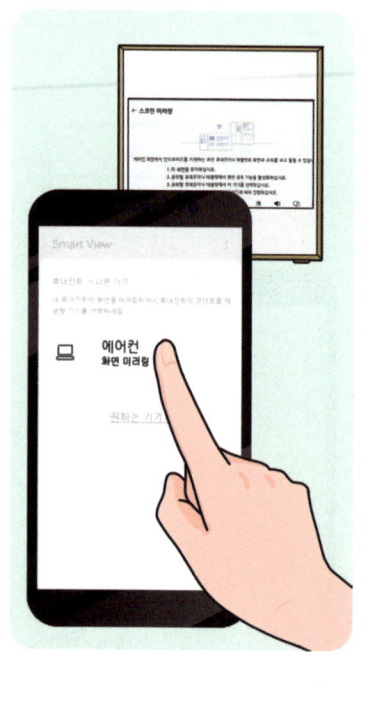

④ 연결이 완료되면 에어컨 화면에 스마트폰 화면이 나타납니다.

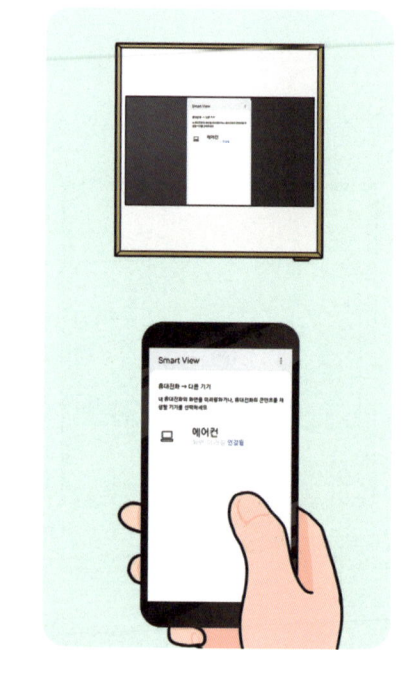

⑤ 스마트폰에서 내가 보고 싶은 사진이나 영상을 선택하세요. 내가 선택한 사진이나 영상이 에어컨 화면에도 나타납니다. 에어컨 화면으로 사진이나 영상을 더 크게 볼 수 있습니다.

에어컨으로 나만의 액자 만들기

커버스크린 화면에 나타나는 사진이나 그림을 내가 선택할 수 있습니다.

LG ThinQ 앱으로 화면에 나타나는 사진이나 그림을 바꿔 보세요.

에어컨 화면으로 나만의 액자를 만들어 보세요.

나만의 액자를 만드는 방법

① LG ThinQ 앱에서 에어컨을 선택하세요.

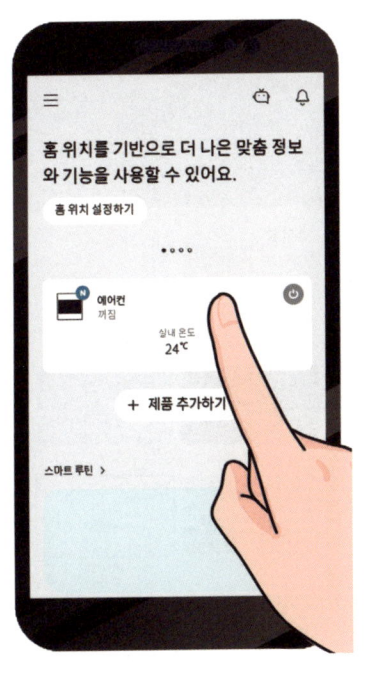

② '커버스크린 설정'을 누르세요.

③ 앱에 아래와 같은 화면이 나타났나요? 스타일 칸에 있는 화살표 버튼을 누르세요.

④ 앱 화면에 다양한 스타일이 나타납니다. '나만의 액자'를 선택하세요.

⑤ 사진을 선택하세요. 사진은 한번에 10개까지 선택할 수 있습니다. 사진을 선택하면 '완료'를 누르세요.

⑥ 내가 선택한 사진들이 '나만의 액자'에 저장되고 에어컨 화면에 나타납니다.

LG전자 서비스 센터

LG전자 에어컨을 사용하다가 문제가 생겼나요?
LG전자 서비스센터에 연락하세요.

 1544-7777

서비스 센터에 전화하기 전에 세 가지를 미리 준비하세요.
전화를 받은 서비스 센터 직원에게
에어컨에 어떤 문제가 있는지 설명해야 합니다.

에어컨 모델명이 무엇인가요?

LG전자 에어컨마다 모델명이 있습니다.

에어컨에 있는 스티커를 보면 모델명을 알 수 있습니다.

직원에게 모델명을 알려 주면

문제를 더 빠르게 해결할 수 있습니다.

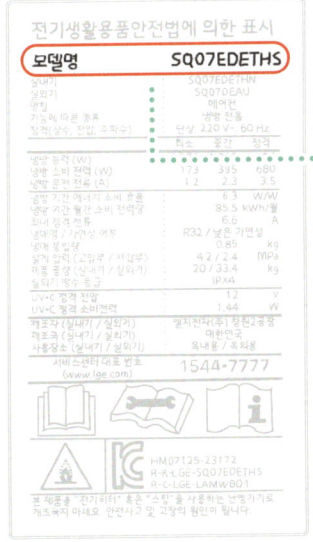 ● 모델명은 영어와 숫자로 써있어요.

② 에어컨에 어떤 문제가 생겼나요?

직원에게 에어컨에 어떤 문제가 생겼는지
이야기해야 합니다.
에어컨에 어떤 문제가 생겼는지 이야기할 수 있도록
미리 준비해 주세요.

예

- 에어컨이 켜지지 않아요.
- 냉방을 켰는데 시원하지 않아요.
- 리모컨이 작동하지 않아요.
- 차가운 바람이 나오다가 멈춰요.
- 전원을 껐는데도 에어컨이 계속 작동해요.

③ 전화번호와 집 주소는 무엇인가요?

에어컨을 고치려고 직원이 집에 찾아올 수도 있습니다.
직원이 전화번호와 집 주소를 물어볼 수 있습니다.
전화번호와 집 주소를 미리 준비해 주세요.

· 전화번호 ....

· 집 주소 ....

....

....